LEIDENSBLÜTEN

Doris Duschl

Bibliografische Information der Deutschen Nationalbibliothek:
Die Deutsche Nationalbibliothek verzeichnet diese Publikation in
der Deutschen Nationalbibliografie: detaillierte bibliografische
Daten sind im Internet über www.dnb.de abrufbar.

-Leidensblüten-

© 2018 Doris Duschl
Herstellung und Verlag:
BoD - Books on Demand, Norderstedt

ISBN: 978-3-7460-8117-5

Gedichte aus dem Jahr 1997

(Meine Gedanken als 15-jährige)

Einsamkeit

Alleine und einsam saß ich im Garten
Traurig sah ich
die kahlen Bäume an

Die Blätter, die langsam
auf den Boden segelten,
zogen mich sofort in ihren Bann

Still träumte ich vor mich hin,
dachte zurück an schöne Zeiten
In diesem Moment wurde mir klar

Diese traumhafte Stimmung
wird mich noch oft begleiten.

Gefühl

Dieses Gefühl,
es bedeutet nichts Gutes
Es jagt mir Angst ein
Ich kann nichts dagegen tun

Dieses Gefühl,
es weicht nicht mehr von mir
Es sitzt ganz tief
Ich fühle mich hilflos

Doch kaum ist dieses Gefühl weg,
fühle ich mich verlassen.

Weg

Stille Nacht
schließe deine Augen
Der Horizont
wirft Schatten auf

Das Meer
darüber
ganz weit weg...

Sieh: Die Sonne geht unter!
Ein leichter Hoffnungsschimmer
er verfliegt
Die Sonne ist weg.

Zeit

Die Zeit heilt alle Wunden?
Von wegen!
Die Sehnsucht wird größer
und dadurch auch der Schmerz.

Der Schmerz im Herzen.

Es tut weh dich zu lieben
und nur du kannst mir helfen,
dass meine Schmerzen vergehen.

Spiegel

Du spiegelst dich in brennenden Kerzen
Ich spüre es
in meinem Herzen,
meine Liebe zu dir.

Du spiegelst dich in Wasserfällen
In frischen Quellen
sie rauschen, die Wellen
der Liebe.

Ich sehe in den Spiegel
und sehe eine Person
Nicht dich,
aber jemanden der dich liebt.

Traumstunde

Ich sehe in die Ferne
und denke, ach wie gerne
wäre ich jetzt frei.

Irgendwo da draußen
in der weiten Welt
möchte ich gern sein jetzt
unter dem blauen Himmelszelt.

Liegen auf der grünen Wiese
den schönen Himmel betrachten
sonst niemanden beachten
nur das, was mir wichtig ist.

Mein starrer Blick, der löst sich
ich bin noch leicht verträumt
riesige Enttäuschung
denn vom Leben habe ich nichts versäumt.

Sehnsucht

Mein Wille
spürt Stille
in meinen Gedanken

Meine Gefühle
bringen den Willen
ins Wanken

Die Stille
stellt dem Willen
die Schranken

Meine Seele
wird bald
an Sehnsucht erkranken.

Gedichte aus dem Jahr 1998

(Meine Gedanken als 16-jährige)

Gegensatz

Dauernd fühle ich mich alleine
ich gehe in mich
obwohl ich mich davor fürchte
Ich denke
ich denke nicht mehr
weil ich nicht mehr kann
Ich will nicht weinen
doch es kommt über mich
obwohl es nicht so ist
Ich weiß nicht mehr
ob ich glücklich bin
wenn ich traurig bin
Ich weiß nicht mehr
ob es mir gut geht
wenn es mir schlecht geht
Ich lebe weiter
obwohl ich es nicht will
doch TU ich es
WEIL ich es will
Ich könnte es beenden
doch ich TU es nicht
weil es längst zu Ende ist.

Herz

Ständig dieser tiefe Schmerz
Es trifft mich tief – mein Herz!
Als zerspringe es gleich
in tausend Stücke

Dann wieder bin ich ein einziges Lächeln
Es kommt von Innen, alles macht Spaß
Doch mein „Ganz tief drinnen", es besteht nur
aus Glas,
das jede Sekunde zu brechen droht.

Denn wahre Liebe
nur DIE kennt den Schmerz
Warum also wohl
zerspringt gleich mein Herz??? ??? ???

Ein Lächeln

Ich stehe vor dir
zittere am ganzen Körper

Ich will sprechen
es kommt kein Ton heraus

Ich will davon laufen
komme nicht vom Fleck

Ich sehe dich an
schenke dir ein Lächeln

drehe mich um
und gehe von dir.

Ein Leben davor

Gelebt habe ich
bevor das Leben
einen Sinn bekam

Geschwommen bin ich
bevor das Wasser
seinen Namen annahm

Geflogen bin ich
bevor der Wind
die Wolken trug

Froh war ich
bevor mich die Lust
ins Leben zog

Genießen werde ich das Leben erst
wenn es wieder
so wie früher ist

Nur, das Leben **vor** dem Leben
kann und wird es
niemals geben.

Verloren

Wenn die Minuten am Tag zu Stunden werden
Wenn die Stunden nicht mehr vorüber gehen
Wenn die Augen das helle Tageslicht sehen
weil die Nächte zu schnell zu Ende gehen

Die Augen blicken
Die Hände spüren
Wenn die Sinne die Lücken
und das Glück verlieren.

Narben schreiben

Die Sehnsucht, die dich quält
Der Tod, der deine Stunden zählt
Das Böse, das dir sagt: Gib auf!
Der Glaube an das Jenseits, das dich holt:
„Komm rauf".

Grelle Farben, helle Lichter
Die Angst, die hoffen lässt
Ein Gefühl der jungen Dichter
das oft Narben hinterlässt.

Ich erfriere

Das, was mich wissen lässt,
dass ich am Leben bin,
ist der Schmerz,
der nicht existiert,
mein Herz,
das gleich explodiert,
Tränen der Verzweiflung,
die nicht vorhanden sind;
Stimmen,
die ich nicht höre...

Ganz bestimmt,
ich schwöre,
das sind Gefühle
der Kühle,
die mich umgibt,
immer wenn ich denke,
mein Ich erfriert.

Vergiss es – Hoffnungsschimmer

Trauer vergeht
Sehnsucht bleibt
auch die Hoffnung
wird mal geraubt.

Wer an sie glaubt
wird sie verlieren
wer sie bezweifelt
der kann sie spüren.

Unbeschreiblich

Wärme,
die aufsteigt,
wenn es kälter wird
Freude,
die hochkommt,
wenn das Licht aus geht
Eile,
obwohl keine Zeit verrinnt
Gefühle,
die nicht zu beschreiben sind.

Absturz

Das Leben ist zu kurz
Genieß es bis zum Absturz
Du fällst ins große Loch
doch dauernd hoffst du noch,
dass du wieder aufstehst.

Bevor du wieder los gehst,
sag dir:
Das Leben war zu kurz,
genieße wenigstens den Absturz.

Gedichte aus dem Jahr 1999

(Meine Gedanken als 17-jährige)

Geschichten, die das Leben schreibt

Geschichten, die das Leben schreibt
Ein Lied, das diesem Leben bleibt

Gefühle werden dir geraubt
Die Wahrheit wird dir nicht geglaubt

Lügen, die im Leben schwinden
Pessimismus musst du überwinden

An die Einsamkeit, dich nicht erinnern
Bilder, die dein Leben nicht verschlimmern

Der Hass, der unsere Welt regiert
Der Kummer, der dein Lebensbild verzerrt

Ewigkeiten, die dir bleiben
Einfach Geschichten, die dein Leben schreiben.

Die große Liebe

Boot der Gefühle
regiert Liebe und Hass
dein Gesicht – ganz nass
von den Tränen der Sehnsucht

Rauschende Wellen
beschreiben dich
dein Gesicht – voller Frische
wird faszinieren mich

Der Wind
weht deine Liebe zu mir
bald bist du hier
und ich bleib ewig bei dir.

Liebe meines Lebens

Ich möchte so gerne
bei Sonnenuntergang
den Strand entlang gehen
Plötzlich
vor meiner großen Liebe stehen
Dann will ich ihm tief in die Augen sehen
und mit ihm am Strand entlang weitergehen

Ich möchte so gerne
diese Liebe bei Kerzenschein küssen
ab und zu
seinem Liebesgeflüster lauschen müssen
Dann muss ich Zärtlichkeit nicht mehr vermissen
und kann meine Liebe romantisch weiter küssen

Ich möchte so gern
mit ihm mein 1. mal erleben
mit ihm auf Wolke 7 schweben
Dann kann ich ihm meine ganze Liebe geben
und wir zwei werden sehr lange zusammenleben.

Innere Stimme

Ich bin frei wie ein Vogel, der am Boden schwebt
So frei wie eine Ente, die am Himmel fliegt
Ich bin frei, wie ein Toter, der noch leben will,
Frei, wie meine innere Stimme
„Und jetzt sei endlich still!"

Liebe der Meinen

Unerreichbare Blicke,
die niemals in die Seele
der deinen sehen

Unerreichbare Worte,
die niemals die Bedeutung
der meinen spüren

Unendliche Flammen
brennen die Gefühle
der deinen aus

Und deine Liebe
löscht die Liebe
der meinen.

Wie Sonne und Gewässer

Die strahlende Sonne fliegt
dem tobenden Gewässer entgegen
Der Segen der Lichter
eilt der dunklen Finsternis voraus

Die Chance der reinen Seele
versteckt hinter der reinsten Quelle
der Quelle des Lebens
vergebens ist die Hoffnung
dem tobenden Gewässer zu entfliehen.

Glaube an die Gerechtigkeit
kämpfe um das, was du noch hast
Lass doch Liebe Liebe sein
Sonne und Gewässer sind nun dein.

Angesichts

des schlimmen Daseins

auf der Welt

zerfällt

Stück für Stück

das Glück

nach dem ich suche.

An mir vorbei

Ich sehe mir durch das Fenster den Regen an
und bin glücklich

Trauer kommt über mich
und ich bemerke,
dass es der Tisch ist
den meine Augen erblicken

Der Stuhl neben mir bewegt sich nicht
Doch der Boden unter meinen Füßen

Ich sehe nach oben und bemerke,
dass ich es bin, die sich fortbewegt

Ich will wieder glücklich sein
Doch ich kann nicht mehr aus dem Fenster sehen

Wahrlichkeit

Die Freiheit des Lebens
in Seelen verbannt
Entfremdende Weisheit
in Wissen verrannt

Schwimmende Sehnsucht
vom Wasser getrieben in kühlen Zeiten
begleitend dazu
der Rest vom Eis

In Wirklichkeit ist alles ganz anders.
Der Kreis beginnt sich zu schließen
Genießen kann ich diese vier Ecken nicht.

DU der Liebe

Du hast niemals für die Liebe gelebt
Ständig nur
für den Schmerz gelitten

DU hast diese Welt regiert
Doch bist du niemals
auf einem hohen Ross geritten

Geflogen bist du, in andere Welten
doch oben
warst du nie

Du hast dich immer nur hingegeben
jedoch nie
der Liebe wegen.

Das Gelebte

Muss ich denn sterben
um zu leben
Muss ich denn rauben
um zu geben
Muss man denn hassen
um zu regieren
Warum gewinnen
Um es nachher zu verlieren?

Muss ich denn weinen
um zu existieren
Muss ich denn lachen
um qualvoll zu erfrieren
Muss man denn lieben,
trotz der vielen Scherben?

Warum leben
Irgendwann werden wir alle sterben.

Königreich

Des Schicksals Gemach
eingehüllt von weich
gesponnenen Wänden

Weit weg davon
die untergehende Sonne

Voller Wonne
die Prinzen
Hofdamen tanzen um sie herum

Schlummernde Könige
umworben mit farbigen Tüchern
In Freude entbrannt
ergötzen sich die Hofnarren
an dem Lichterspiel der güldenen Pracht

Hoch am Himmel
die königliche Sternennacht.

Stunde für Stunde

Stunde für Stunde wird es kälter um mich
Jede Sekunde erfriert ein Teil meines Ich´s
Ach, könnte die Sonne nur wieder
mein Herz erwärmen

So gerne würde ich schwärmen
von der Liebe
die doch in mir wachsen soll

Es wäre so toll
wenn das Eis endlich schmelzen würde

Voll der Güte
Der Kraft
und der Herrlichkeit,
wie sie in diesem Reiche weilt.

Meine Welt – eure Welt

Ich lebe alleine in meiner Welt
wie jeder von uns in seiner
Liebe ist das Einzige was zählt
wie Einsamkeit in meiner Welt

Jeder lebt
in seinen eigenen vier Wänden
und mein Leben
liegt in meinen Händen.

Gedichte aus dem Jahr 2000

(Meine Gedanken als 18-jährige)

Ewig

Blühende Blume
verlassen von Raum und Zeit
Ihr gehört das ewige Leben

Früchte tragender Baum
verlassen von Raum und Zeit
Ihm gehört das ewige Leben

Die Blume wurde gepflückt
und der Baum gefällt.

Dein Wille, mich zu dir zu denken.

Mein Weg, endlich bei dir zu sein.

DANKE

Danke, dass ich geboren bin.
Sonst könnte ich die Musik nicht hören,
die so schön in meinen Ohren klingt.

Sonst käme ich nicht in den Genuss,
diese Zigarette zu rauchen,
auch wenn sie Gift in meinen Lungen ist

Ich würde nicht den Sonnenaufgang kennen,
nicht das Meer
über dem er zu sehen ist

Ich hätte nicht den Traum der „Golden Gate"
Nicht die Wahl
WIE ich lebe
und nicht die Möglichkeit
B U N T zu sterben.

Weiser Geist

Des Geistes Weisheit entgeht
dem reisenden Leben.
Schweben Sie vergebens
in´s Land des
philosophischen Gesangs,
dessen Klang sich
auflösend
in Rauch und Nebel
zwang.

Im Rang des Wissens
der Geist erblickte
des Dichters unglaubliche Geschichte,
die 100 Schafe
des Schlafes beraubt,
mitnahm,
ins Reich
wo Asche zu Staub gezaubert,
wo „arm" nur gebraucht wird
dort blüht,
all das Reiche erfriert.

Nur imaginär?

Sieh dich um
doch wunder nicht
Zeit lässt Liebe nicht nur entstehen
Sie lässt sie auch vergehen
entleert sie.

Peripher tangierend ihr Flair
Weit hergeholt
die Schritte
Nur imaginär
diese Liebe?
Gib Luft solcher Mitte

Vorhandene Fragen
Gierig danach zu erfahren, was wahr ist

Aus Versehen

Aus Versehen
des Verses wegen
Gelegentliche Reime
insgeheim alleine

Scheine - was tiefgefroren - wieder warm
und lösche die blauen Flecken
deiner Seele
Deren Ursprungs´ Quelle
bequemte Enthemmung
sprich: Lähmung
deutet

Häutet nicht bevor ihr lüget
Rüget nicht den Tadel
Führt den Faden durch die Nadel

Introvertiert
den Stil nicht reifer Gedichte
Gedanklich
zu eurer eigenen Geschichte.

Dichter

Unter einem vieler Dichterkreise
galten Kinder einst geboren
die weise wie sie waren
sehr früh ihrer Heimat
schon entflohen.

Unbekannt verzogen
lebten sie als Philosophen
Niemand kannte ihre Strophen
deren dichterischer Klang
sich in den Epos der Geschichte zwang

Entlang des Lebens, das sie führten
nur eines Freundes Liebe sie verspürten
Als sie von der Kraft nun hörten
öffneten sich bald
die Pforten

Jeder nun das Schreiben kannte
Unter den unbekannt Verzogenen
ein paar Strophen
sie verstanden.

Vollkommen ruhen

Im vollkommenen Ich
durch die Strahlen des Seins zu wandern

Die Wahrheit des Weisen zu sprechen,
der selbst die Wahrheit ist.
Die Stimme der Stummen zu sein,
deren Klang sich selbst verstummt

Die Hülle der Nacktheit zu sein,
die sich nicht fürchtet
Der Sarg der Mumien,
der die Toten am Leben erhält.

Die Gedanken der Vollkommenen zu wissen
Die übrigen Fetzen weiter einzureißen
Die Worte der Tauben zu sprechen
Die Flügel des Adlers zu sein

In den Weiten der Unendlichkeit versinken
Die Freiheit spüren.

In die Wolken des Windes zu fliegen
Die Wellen des Meeres zu sein
In den unendlichen Weiten dessen unterzugehen
und dort zu ruhen.

Die 4 Jahreszeiten

Im Frühling geht mein Leben auf
Im Sommer nimmt es seinen Lauf
Im Herbst, da wird es untergehen
Im Winter ist es nie zu sehen

Wie fühlen sich die 4 Jahreszeiten
in deinem Herzen an?

Erst glüht es, das Gefühl
dann brennt es
nach dem Feuerfang

Dann wird es kühl – es zischt
das feurige Gefühl
verschließt sich
in der Seele
bald wirkt es quälend und vergeht.

Dann weht vom Norden her ein Wind
Stille schleicht sich ein
Du fühlst es – mach die Augen auf
dann SIEHST du´s. Wie allein du bist

Es frisst dich auf?
Dann schließe deine Augen
und träume...

Der Raum ist voller Leute.

Einsamkeit

Erstarrt vor Einsamkeit
Gefroren aus Einsamkeit
Verstohlene Blicke aus dem Eis

Geschmolzen durch Einsamkeit
Verflossen aus Einsamkeit
Verstohlene Blicke aus dem Wasser

Glühend vor Einsamkeit
Verbrannt aus Einsamkeit
Verstohlene Blicke aus dem Feuer

Erloschen aus Einsamkeit
Vergangen
Erfroren im Eis
Gebrannt im Feuer

Verstohlene Blicke aus der Einsamkeit.

Gedichte aus den Jahren 2001 + 2002

(Meine Gedanken als 19-/20-jährige)

Leicht und schwer zugleich

Es ist so leicht und doch so schwer
zu lehren
was leicht zu lernen
doch schwer anzunehmen

Es fällt so leicht und doch so schwer
sich zu entfernen
wenn es nicht erwünscht wird
aber besser wäre

Sich zu bereichern
Ist leicht und schwer zugleich, denn,
wenn das Aber
nicht mehr reicht
um zu erklären,
dass du nicht mehr willst
als verstehen...

Warum es leicht fällt, das zu lernen
obwohl es schwer ist, anzunehmen
Auch wenn es nicht erwünscht wird
aber besser wäre

...treibt dich das Fernweh
weit weg, fortzugehen.

Sein Ausweg war sein Tod

Ein Mann,
durch Felder lief er,
wie von Sinnen

Erblickte all die Wälder,
tief im Inneren

Dort fand er seinen Frieden
und verschwand

Seiner Selbst er nie bezwungen
Trug, was er gemeistert,
unter Erden.

Sein Werdegang
ihm vorgeschrieben

Zurück ging er
ins Land wo er geboren war
Erschuf ein Grab
und starb.

Ich falle tief,
erinnere mich an die Stimme, die mich rief,
mir Flügel schenkte
und mich danach im Fluss ertränkte.

Yeahh

Poetische Klänge
Verschmelzen
In der Antarktis.
Und blühendes Eis
Erfriert
In der Sonne.
Lebendige Seelen
Vergraben
Unter zu viel Liebe.

Was dann?

Wenn das Herz bis ins Endlose schmerzt
Wenn die Seele abgrundtief quälend wirkt

Wenn das Fühlen keine Freude mehr beherbergt
Wenn ein Gedanke allein dies Befinden verstärkt

Wenn kein Wort mehr zum Sprechen ist bereit
Wenn jede Hoffnung begleitet wird durch Leid

Wenn jeder Aufstieg den nächsten Tiefgang meint
Wenn sich auf Glück nichts klangvoll mehr reimt

Wenn vollkommene Stille dir keine Ruhe mehr lässt
Wenn selbst endlose Zeit dich innerlich hetzt

Das größte Gefühl von Liebe
Dich nur noch verletzt

Erinnerungen

Ich schwelge in Erinnerungen
keine Linderung
des tiefen Schmerzes
war in Sicht

Doch im Grunde meines Herzens
brannte stets ein Licht
Es umhüllte mich,
leitete und befreite mich.

Die Zeit ist nun vorüber und ich fühle Glück
Mein innerstes Ich kehrt flehend zurück
Es bittet mich,
mir zu verzeihen

Ein Ende zu setzen
dem ewigen Leiden
es wünscht sich, zu gedeihen

Wie eine Blume im Frühling
von wehenden Winden getrieben
so sanft und lindernd – sie blüht um zu lieben.

Innerlich

Selbstbewusstsein dringt in mich ein
schwindet wieder
lässt mich allein

Zurückgekehrt bleibe ich
am Ort, wo niemand sich wehrt,
schweige ich, denke ich
in mich hinein

Entdecke meine Quelle
in der der Fluss entsprang,
in der ich Lieder über Sehnsucht sang

Der Klang von Freiheit
wie er sich in mich hinein spürt
mich aber keineswegs berührt

Das Feuer, wie es glüht
sich ebenfalls in mich hinein spürt

Feurig will ich leben
mich stets darin bewegen
mir selbst die Blöße meines Lebens geben.

Fatal, gefährlich,
überlegen.

Beben

Verdammte Sehnsucht, verdammt
In Verdammnis verrannt
Verbannte Seelen, verwandt
Ein Band der Fügung entstand

Droht Gefahr? Eine bekannt?
Gefahr erloschen, Gefahr verbannt
Nichts zu bereden
Reine Faszination, ein Beben

Lass dich leiten, lass dich führen
Lass es zu, die Kraft wird dich berühren
lass sie dich spüren

Gleicht der Magie, solltest sie begehren
Die Kraft des mächtigsten
wird wieder zu dir kehren.

Alles nur Schein

Seelen spiegeln sich, rein ist die Eine
die andere weint, fühlt sich alleine
Den Durchblick längst erkannt
verrannt in Durchschaubarkeit, selbst so genannt.

Worte, Blumen, Leben kann ich sehen
jedoch nicht erleben in mir selbst.
Verfällst und fällst, gefällst...?
Stellst dich dagegen

Von wegen schleichend dich erreichend
Seicht, doch steil, fällt sie herab
Leicht, doch voller Emotion,
kann Mensch nicht sein
die Zeit wird knapp.

Gilt es, Überwindung in den Vordergrund zu stellen?
Wellenartig
bricht es ein
Verwandelt sich,
und welch ein Schein...
Er betrügt, belügt, er tadelt und rügt

Versprüht die Fügung
Löscht den trügenden Schein der Ferne,
denn Sehnsucht sucht Nähe.

Imaginäres Bild

Es hängt
Weiß nicht,
was die Leute drüber denken,
beschränkt sich auf die Blicke, die ihm würdig sind

Es hängt
Ein Bild, das selbstständig denkt,
weil Gedanken, durch einen Blick aus Augenwinkeln,
undenkbar sind

Schwerelos - imaginär und herrenlos
bloßgestellt, getreten
denn es trügt
der Schein von Reinheit

Zeigt uns Seiten verschiedener Gelegenheiten
Zeigt uns Wahres,
das aus trügerischen Blicken
zu verschwommen wirkt
um zu erkennen,
ob es lügt

Wie ungewiss – vermisst und dann zerrissen
Falsche Worte, falscher Schein,
den insgeheim
das Meer der Blicke aus den Wässern zieht

Entzieht sich, verblüht nicht, verblasst nicht,
verliert nicht an Wert
es ist imaginär.

Begegnungen

Man begegnet Menschen,
wenn sich Wege kreuzen

Die Wege zweier Leben,
noch so unterschiedlich
Zwei Vergangenheiten,
sie bilden eine Leidenschaft
Wenn einer leidet,
spürt der Andere die Kraft

Ganz unverhofft wird man getroffen,
wenn jemand Hoffnung spürt,
der Funke überspringt,
auf Jenen, der noch zweifelt,

Wenn sich Schwindel um die Lüge dreht,
diese Zeile steht geschrieben,
ist es klar, um was es geht,
verschwiegen wurde Liebe.

Gedichte aus dem Jahr 2004

(Meine Gedanken als 22-jährige)

Für dich / Para ti

Zu viele Wörter schon geschrieben
Zu viele Texte schon gedacht
Nur ein paar Sätze sind geblieben
Schlafloses Tun hält mich in Schacht

Zu viele Lieder schon auf Erden
Zu viele Musicals gespielt
Die Musik bereits am Sterben
Zu viel mit Kommerz gedealt

Zu viele Drehbücher entstanden
Zu viele Filme schon gedreht
Der Filmwelt blieb es wohl abhanden
was in meinem Kopf entsteht

Etwas hab ich noch zu sagen
Nur für dich ist dieses Lied
In unserem Film, den ich dir schenke
wird es im Hintergrund gespielt.

Diebstahl

Ein räuberisches Leben
vermag den trügerischen Dieben
laut fiebrigem Gelächter
ein erfüllendes Vermächtnis sein

Welch scheinendes Gerechte
der Macht entspricht, die dachte,
dass sachte Lösung friedlich wäre

Die Leere solch Versprechens
lässt solches wieder brechen
sonnt sich in eigenem Gewissen

Stechend zu erblassen
in Massen blinder Neid die Sehkraft schwächt.

Extrem

Leidende Kinder an Hungersnot
Der scheiß Glaube an euer Recht bringt ihnen den Tod

Rote Farbe in euren Herzen bildet ihr euch ein
während 1000 Milliarden nach Leben schreien

Gefoltert – gequält
Ermordet – entstellt
und die da draußen stecken ihr Geld
in scheiß Gegenstände
Rennen immerzu gegen Wände

Ihr ganzes Leben lang an Zwänge gebunden
Umrunden das Böse
versuchen ans Gute zu glauben
Rauben dabei, ermorden und fordern.

Entstehung durch Ideenlosigkeit

Ich bringe kein Gedicht zustande
umrande es mit Farbe
und lass es ungeschrieben

Ebenso die Kurzgeschichte
ich vernichte deren Kern
und lass sie unerzählt

Das selbe mit dem Komponieren
ich verliere die Melodie
hab nur den Text noch stehen

Darauf folgt die Zeichnerei
ich verzeihe meiner Leere
und verstecke die Idee

Noch ein Versuch etwas zu schreiben
ich bleib bei der Entscheidung
hier habt ihr meine 15 Zeilen.

(Mein letztes Gedicht, Jahr 2007)

Nackt

Wirfst du die Kleidung ab
bist du nicht nackter als zuvor

Streifst die Maske dir herunter
legst mitunter auch Gefühle ab
die angeboren

Passt so perfekt
hauteng um dich herum
keine Luft dazwischen
die dich atmen lässt

Innerlich und äußerlich
bist du zerrissen
aufgrund des Wissens
das dich trägt

Dass Kleidung nichts versteckt
Die Maske zu eng anliegt.

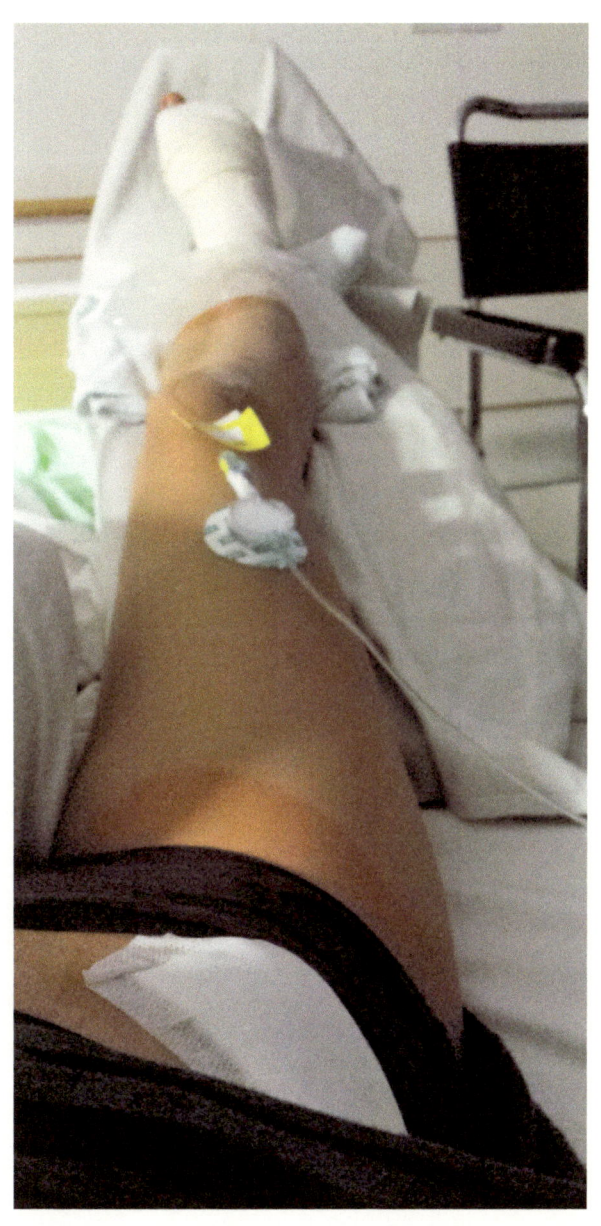

Jahr 2017/Ende.